OS BENEFÍCIOS DAS

HORTALIÇAS

OS BENEFÍCIOS DAS

HORTALIÇAS

40 RECEITAS INCRÍVEIS PARA REFORÇAR A ALIMENTAÇÃO

EDITADO POR **CLAIRE ROGERS**

PUBLIFOLHA

SUMÁRIO

VERDE FAZ BEM

Da folha escura da couve, rica em ferro, passando pela vagem crocante até o agrião cheio de vitaminas, são inúmeras as maneiras de apreciar uma boa hortaliça. Antes relegadas ao posto de acompanhamento, neste livro elas brilham no centro do palco, em uma homenagem a todas as suas qualidades deliciosas e nutritivas.

Se você é vegetariano ou quer apenas aumentar o consumo de vegetais, vai encontrar muitas receitas para aguçar o seu apetite, distribuídas em capítulos de acordo com o tipo: "Legumes e leguminosas" (como ervilha, ervilha-torta, vagem-manteiga, fava); "Verduras" (espinafre, agrião, acelga, alface, rúcula); e "Crucíferas" (couve, repolho, brócolis, couve-de-bruxelas).

As receitas contemplam todas essas hortaliças e maneiras especiais de prepará-las. Folha de repolho usada como charutinho, brotos crus em saladas, uma bela salada verde que leva quatro verduras diferentes, além de sopas, sucos, refogados e até Crisps de couve (p. 67). São inúmeras opções!

OS BENEFÍCIOS DAS HORTALIÇAS

As hortaliças verdes, sobretudo as de folha escura, como a couve e o espinafre, são repletas de vitaminas e minerais que ajudam a manter a saúde do corpo tanto por fora (pele e cabelos) quanto por dentro (ossos, intestinos e demais órgãos internos). Estudos sugerem que vegetais ricos em antioxidantes e fitonutrientes, como as crucíferas (brócolis, repolho etc.) e as folhas verde-escuras, estão relacionados a um risco menor de doenças cardíacas e até mesmo de alguns tipos de câncer.

Frescas sempre

As hortaliças perdem nutrientes após serem retiradas da terra, portanto, quanto mais frescas, melhor. Podem transcorrer vários dias entre a colheita e a chegada ao comércio. As congeladas são uma boa alternativa se não encontrar hortaliças frescas. Em geral, são congeladas logo após serem colhidas, o que ajuda a preservar os nutrientes. Também é possível encontrar alfaces hidropônicas em vasos, que podem ser colhidas conforme a necessidade.

COMPRE O MELHOR

Para obter a maior quantidade de vitaminas e minerais, é preciso comprar hortaliças tão frescas quanto possível. Feiras de produtores orgânicos são fontes excelentes de hortaliças sem agrotóxicos, mas você também pode cultivar as suas em casa.

Dicas para escolher bem

- Compre sempre o mais fresco possível.
- Evite toda folha murcha ou amarelada.
- Escolha as hortaliças com as cores mais vivas e fortes.
- Verifique os talos – devem estar firmes, nunca moles.

COMO ARMAZENAR

A maioria das hortaliças deve ser conservada na geladeira, mantendo-se frescas por mais tempo. Algumas duram mais do que outras; legumes e leguminosas com folhas bem juntas (brócolis, couve-de--bruxelas, repolho) geralmente duram até 1 semana; as mais frágeis, de folhas soltas (couve, acelga, agrião) duram cerca de 3 dias. Se armazená-las em sacos plásticos, verifique se eles têm buraquinhos para permitir o fluxo de ar. Não é preciso lavar os brócolis, a ervilha fresca e a alface antes de guardá-los na geladeira; higienize-os na hora de usar.

LEGUMES E LEGUMINOSAS

SOPA PRIMAVERA

* SEM GLÚTEN

A melhor opção para fazer essa sopa é usar ervilha fresca, que confere uma textura mais cremosa. Melhor ainda são as petits-pois – ervilhas colhidas quando são muito novas e macias. Sirva quente ou fria, de acordo com o clima.

Rende 4 porções

675 g de ervilha fresca debulhada (reserve as vagens)
1 cebola média picada
3 dentes de alho picados
1 batata média descascada e cortada em cubos
1 litro de caldo de legumes sem glúten
8 cubos de gelo
60 ml de coalhada ou iogurte natural
sal marinho
suco de limão-siciliano a gosto

Para servir
10 g de folhas de hortelã cortadas em tiras
12 flores de ervilha [ou de capuchinha, ou flores de manjericão]
6 brotos de ervilha [ou de alfafa]
1 col. (sopa) de tiras finas de casca de limão-siciliano

1. Em uma panela média em fogo alto, escalde as ervilhas em água salgada fervente até realçar a cor, ou por 20-30 segundos. Escorra as ervilhas e mergulhe-as em uma tigela com água gelada. Quando esfriarem, escorra novamente e reserve.

2. Coloque as vagens reservadas, a cebola, o alho, a batata e o caldo para ferver em uma panela média em fogo médio-alto. Cozinhe até o caldo reduzir a três quartos do volume inicial e a batata ficar bem macia (cerca de 40 minutos).

3. Transfira para um liquidificador ou processador. Adicione metade das ervilhas reservadas. Bata até adquirir uma consistência aveludada e fluida, adicionando água se necessário. Coe em uma peneira fina. Acrescente os cubos de gelo e a coalhada e mexa até o gelo derreter. Tempere com sal e suco de limão-siciliano e leve à geladeira por cerca de 1 hora, até esfriar. Para servir quente, aqueça na panela em fogo baixo por 10-15 minutos.

4. Divida a sopa em quatro cumbucas e decore com as folhas de hortelã, as flores e os brotos de ervilha e as tiras de casca de limão. Sirva imediatamente.

Ao fazer sopas frias, acrescente cubos de gelo ao final para esfriar e diluir rapidamente. Isso ajuda a realçar o verde das hortaliças.

SOPA DE ERVILHA E PINHOLE * SEM LATICÍNIOS

Os pinholes dão uma textura rica e cremosa a essa sopa, e a hortelã acrescenta um sabor refrescante.

Rende 1 porção

120 g de ervilha congelada ou fresca
1 dente de alho descascado
175 ml de caldo de frango ou água
2 cols. (sopa) de pinhole tostado
1 col. (sopa) de azeite
um punhado de folhas frescas de hortelã
sal marinho e pimenta-do-reino moída na hora

1. Coloque a ervilha, o alho e o caldo em uma panela. Leve à fervura. Apague o fogo e reserve por 3 minutos.

2. Triture os pinholes no liquidificador ou no pilão até formar uma pasta. Despeje o azeite aos poucos e misture bem.

3. Transfira a ervilha e o caldo para o liquidificador com a pasta de pinhole e junte a hortelã. Bata até obter um purê homogêneo. Acrescente mais caldo, se necessário. Se preferir uma sopa mais lisa, passe-a na peneira. Tempere a gosto e sirva.

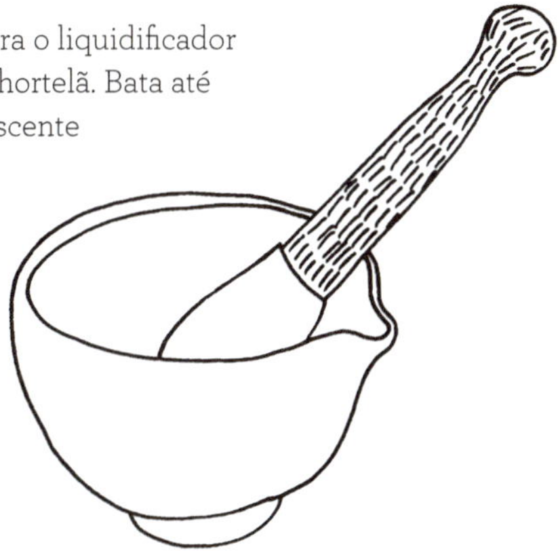

BETERRABA, ERVILHA E AGRIÃO *SEM GLÚTEN

Essa salada agrega tantos sabores e texturas que as tiras de cordeiro assado são como a cereja do bolo.

Rende 4 porções

um bom fio de azeite
2 beterrabas cortadas em fatias de 2 cm de espessura
um pouco de mel
300 g de ervilha congelada
100 g de agrião
suco e raspas de ½ limão-siciliano
batata-bolinha cozida
125 g de cordeiro assado, frio e cortado em tiras
sal marinho e pimenta-do-reino moída na hora

Para o molho

75 g de iogurte natural ou grego sem açúcar
1 dente de alho bem picado
4 cols. (sopa) de pepino ralado
algumas folhas de hortelã fresca

1. Aqueça um pouco de azeite em uma frigideira grande. Adicione a beterraba e refogue por 10-15 minutos, até ficar macia. Regue com o mel e reserve para esfriar.

2. Coloque as ervilhas em uma peneira e enxágue com água morna até descongelar.

3. Divida o agrião entre os pratos. Tempere com sal e pimenta, regue com o suco de limão-siciliano e mais azeite, salpique com as raspas de limão e misture. Disponha as fatias de beterraba entre o agrião, depois acrescente as batatas-bolinha. Espalhe as ervilhas por cima e misture com o agrião. Finalize com a carne.

4. Para fazer o molho, misture o iogurte com o alho, o pepino e a hortelã, depois tempere a gosto. Regue a salada com o molho e sirva.

RAVIÓLI DE ERVILHA

* VEGETARIANO

Ervilhas frescas darão mais trabalho do que as congeladas ao preparar esse ravióli, mas fazem toda a diferença.

Rende 6-8 porções

Para a massa
250 g de farinha de trigo 00
2 ovos grandes batidos
1 gema grande batida
1 col. (sopa) de azeite

Para o recheio de ervilha
300 g de ervilha debulhada
20 g de folhas de hortelã
100 g de ricota
2 cebolinhas bem picadas
sal marinho e pimenta-do--reino moída na hora
1 col. (sopa) de suco de limão--siciliano

Para o molho de açafrão
150 ml de caldo de legumes
100 ml de creme de leite fresco
uma boa pitada de pistilos de açafrão ou ½ col. (chá) de açafrão em pó
40 g de manteiga sem sal gelada e cortada em cubos

Para a salada de beterraba
1 col. (sopa) de vinagre balsâmico
uma pitada de açúcar
½ col. (sopa) de azeite trufado
1 beterraba média cozida, descascada e fatiada
1 trufa fatiada (opcional)
50 g de broto de ervilha [ou de alfafa]

1. No processador, bata por alguns segundos todos os ingredientes para a massa, juntando 1 colher (sopa) de água – não trabalhe demais a massa. Retire e sove até ficar macia e flexível. Envolva em filme de PVC e reserve na geladeira por 1 hora.

2. Cozinhe a ervilha em água fervente suficiente apenas para cobrir, por 5-6 minutos, ou até ficar macia; em seguida escorra e reserve 100 ml da água de cozimento. Esfrie a ervilha em água gelada, escorra e seque bem. Bata no processador, juntando a hortelã, a ricota e a cebolinha, até obter um purê grosso. Transfira para uma tigela, tempere a gosto e acrescente o suco de limão-siciliano.

3. Abra a massa em folhas finas, pincele uma folha com água e distribua colheradas do recheio a cada 5 cm e em fileiras. Cubra com uma segunda folha de massa, pressione suavemente em torno dos recheios e corte a massa em quadrados. Verifique se as bordas estão bem seladas, transfira para uma bandeja enfarinhada e deixe secar por 20 minutos.

4. Para fazer o molho de manteiga com açafrão, aqueça em uma frigideira o caldo de legumes, o líquido reservado do cozimento da ervilha, o creme de leite e o açafrão e deixe ferver até reduzir o volume à metade. Retire do fogo, acrescente a manteiga gelada batendo com um fouet, tempere a gosto e coe em uma peneira fina.

5. Cozinhe o ravióli em bastante água fervente por 3-4 minutos, até ficar *al dente*, em seguida retire-o com uma escumadeira e escorra bem.

6. Para fazer a salada, bata o vinagre, o açúcar e o azeite trufado com um fouet, adicione a beterraba e a trufa, se desejar, e ajuste o tempero; misture bem.

7. Para servir, divida o ravióli entre quatro pratos, regue com o molho, cubra com a salada de beterraba e os brotos de ervilha e sirva imediatamente.

LAGOSTIM À MODA ORIENTAL

* SEM LATICÍNIOS

Na Inglaterra, ao contrário do Brasil, o lagostim de água doce é considerado uma praga por predar grande parte da fauna nativa dos rios. Rico em vitaminas B e B12 e de carne adocicada, combina muito bem com a ervilha-torta.

Rende 6 porções

Para a salada

200 g de arroz negro
200 g de ervilha-torta
100 g de macarrão com ovos para yakisoba
800 g de cauda de lagostim cozida e descascada
½ acelga-chinesa picada
1 pimentão vermelho sem sementes cortado em cubos de 1 cm
2 cebolinhas bem picadas
100 g de amêndoa em lâminas tostada
2 cenouras cortadas em tiras
1 pepino cortado em tiras

Para o molho

1 col. (sopa) de folhas de coentro fresco bem picadas
3 cols. (sopa) de vinagre de arroz
2 cols. (sopa) de molho de soja
suco de 1 limão
5 cm de gengibre descascado e ralado
1 col. (chá) de açúcar
1 col. (sopa) de azeite

1. Preaqueça o forno a 180°C.

2. Cozinhe o arroz em uma panela média com água fervente até ficar macio. Escorra e enxágue sob água fria. Reserve. Enquanto isso, escalde a ervilha-torta em uma panela com água fervente e salgada por 4 minutos, depois escorra e enxágue sob água fria.

3. Leve o macarrão ao forno em uma assadeira e asse até dourar. Deixe esfriar e esmigalhe-o com as mãos.

4. Junte todos os ingredientes para o molho em uma jarrinha e bata até ficar homogêneo. Coloque todos os ingredientes da salada em uma tigela grande e misture. Acrescente o molho e sirva.

SALADA DE ERVILHA--TORTA E ALCACHOFRA

* SEM LATICÍNIOS

Nada se compara a essa salada crocante e perfumada. Sirva para impressionar os convidados em um jantar ou prepare em um final de semana preguiçoso.

Rende 4 porções como acompanhamento

250 g de minialcachofra
150 g de tupinambo [ou inhame]
250 g de ervilha-torta

Para o molho
tiras longas da casca de ½ laranja
suco de ½ laranja
1 col. (chá) de molho de mostarda extraforte
1½ col. (sopa) de vinagre de champanhe
2½ cols. (sopa) de azeite extravirgem
4 cols. (sopa) de óleo de nozes
sal e pimenta-do-reino moída na hora

1. Para preparar as minialcachofras, remova os talos e apare 1 cm da ponta das folhas. Como são bem novas e macias, não é necessária outra preparação.

2. Descasque os tupinambos. Cozinhe as minialcachofras e os tupinambos em panelas separadas com água fervente e sal por 8-10 minutos, ou até ficarem macios, depois escorra. Escalde a ervilha-torta em água fervente por 2 minutos. Escorra, passe sob água fria e escorra novamente.

3. Para fazer o molho, escalde as tiras de casca de laranja em água fervente por 1 minuto, depois enxágue em água fria e escorra bem. Bata todos os ingredientes para o molho e tempere a gosto.

4. Coloque as alcachofras e os tupinambos em uma tigela, regue com o molho e junte a ervilha-torta. Sirva em temperatura ambiente.

CURRY VERDE TAILANDÊS

* VEGETARIANO * SEM LATICÍNIOS

O adocicado do abacaxi confere um sabor inesperado a esse curry. A pimenta-malagueta dá um toque picante, mas pode ser deixada de fora, se você preferir.

Rende 6 porções

1 col. (sopa) de óleo de colza [ou de canola]
2 echalotas* picadas
1 pimenta-malagueta verde sem sementes e bem picada
55 g de pasta de curry verde
75 g de lentilha vermelha
2 alhos-porós lavados e fatiados
1 pimentão vermelho e 1 amarelo, sem sementes e em pedaços
300 g de abóbora-cheirosa descascada e em cubos
200 g de vagem-manteiga aparada e em pedaços de 3 cm
300 g de leite de coco light
220 g de abacaxi em calda, escorrido e em pedaços
150 g de folhas de espinafre
sal marinho e pimenta-do-reino moída na hora

Para servir
arroz jasmim tailandês
um punhado de coentro picado
80 g de castanha-de-caju tostada

1. Aqueça o óleo de colza em uma panela antiaderente grande em fogo baixo. Acrescente a echalota e a pimenta-malagueta e refogue delicadamente por alguns minutos. Junte a pasta de curry e continue refogando por mais 2 minutos, mexendo com frequência.

2. Adicione a lentilha, o alho-poró, os pimentões, a abóbora, a vagem e o leite de coco. Deixe ferver, depois abaixe o fogo, tampe e cozinhe por cerca de 20 minutos, quando as lentilhas deverão estar bem macias.

3. Acrescente o abacaxi e o espinafre. Cubra a frigideira e deixe cozinhar por mais 2 minutos; o espinafre terá murchado e poderá ser misturado facilmente ao molho.

4. Prove e ajuste o tempero. Sirva com arroz jasmim tailandês e finalize com o coentro fresco e a castanha-de-caju tostada.

* A echalota é um tipo de cebola com sabor levemente adocicado e mais suave. Caso não encontre, substitua por cebola-pérola ou cebola roxa, neste caso em menor quantidade que a pedida na receita.

Você pode substituir a abóbora-cheirosa por batata-doce ou abóbora-cabochan.

TOFU VERMELHO COM VAGEM

* VEGETARIANO * SEM LATICÍNIOS

Essa marinada acrescenta uma camada adocicada e picante ao tofu, que complementa uma salada de perfume fresco.

Rende 4 porções

250 g de tofu firme drenado
1 col. (sopa) de mel
2 cols. (sopa) de molho de ameixa [ou pasta de tamarindo]
2 cols. (sopa) de molho de soja
3 cols. (chá) de molho de pimenta suave
325 g de vagem aparada
2 cols. (sopa) de castanha-de-caju tostada e picada
2 caquis cortados em gomos
sal e pimenta-do-reino moída na hora
2 cols. (sopa) de óleo de amendoim ou outro óleo

Para o molho

2 cols. (sopa) de açúcar de palma ou açúcar mascavo
2 cols. (sopa) de sal marinho grosso
2 dentes de alho picados
um punhado de folhas de hortelã
4 pimentas-malaguetas verdes sem sementes e picadas
1 cm de gengibre descascado e ralado
3 cols. (sopa) de molho de peixe vegetariano [ou pasta de missô]
suco de 8 limões
4 echalotas [nota p. 24] fatiadas

1. Corte o tofu em quatro fatias iguais. Em um prato fundo, misture o mel com os molhos de ameixa, de soja e de pimenta. Acrescente as fatias de tofu e deixe marinar por 2 horas, virando regularmente para cobrir o tofu por inteiro.

2. Para fazer o molho, derreta o açúcar de palma em uma panela pequena. Coloque o sal, o alho e a hortelã em um almofariz e amasse levemente com o pilão, até formar uma polpa. Adicione a pimenta-malagueta, o açúcar de palma derretido e o gengibre e amasse novamente. Junte o molho de peixe, o suco de limão e a echalota e misture bem. Reserve por 1 hora para intensificar o sabor.

3. Cozinhe a vagem em uma panela com água salgada fervente por 2-3 minutos, ou até ficar cozida, mas *al dente*.

4. Coloque a vagem, a castanha-de-caju e o caqui em uma tigela e regue com o molho. Misture bem e tempere a gosto. Retire o tofu da marinada. Aqueça uma frigideira grande com o óleo e frite o tofu por cerca de 2 minutos de cada lado, até dourar e ficar crocante. Distribua uma boa porção de salada em quatro pratos, cubra com uma fatia de tofu e sirva em seguida.

BROCHETE DE CORDEIRO E VAGEM

*SEM GLÚTEN

Um molho cítrico de iogurte é a base para essa salada. Se cortar as vagens ao meio no sentido do comprimento, deixará o prato mais atraente aos olhos e delicado ao paladar. Mas você pode preferir ter menos trabalho.

Rende 4 porções

570 g de pernil ou paleta de cordeiro sem osso cortado em cubos de 2,5 cm
raspas de 1 limão-siciliano
2 dentes de alho fatiados
¾ de col. (chá) de pimenta-de-espelette ou ¼ de col. (chá) de pimenta-de-caiena
225 g de vagem-manteiga aparada e cortada ao meio no sentido do comprimento
225 g de ervilha-torta com os fios removidos
2 cebolas roxas pequenas cortadas em gomos de 1 cm
5 cols. (sopa) de azeite extravirgem
um punhado mais 1 col. (sopa) de hortelã picada

Para o molho
suco de 1 limão-siciliano
75 ml de iogurte grego sem açúcar [ou coalhada]
sal marinho e pimenta-do-reino moída na hora

Espetos de metal ou madeira demolhados por 10 minutos

1. Coloque o cordeiro, as raspas de limão-siciliano, o alho e a pimenta-de-espelette em uma tigela, cubra e deixe marinar em temperatura ambiente por 1 hora ou na geladeira durante a noite. Se marinar a carne durante a noite, traga à temperatura ambiente antes de grelhar.

2. Leve uma panela média com água e sal à fervura. Adicione a vagem e a ervilha e cozinhe por cerca de 90 segundos, até começarem a ficar macias, mas ainda crocantes. Escorra, transfira para uma tigela grande e reserve.

3. Esprema 2 colheres (sopa) de suco de limão-siciliano em uma tigela, acrescente o iogurte e uma pitada generosa de sal e de pimenta-do-reino, misture e reserve.

4. Regue as cebolas com 1½ colher (sopa) de azeite e tempere generosamente. Grelhe em uma frigideira canelada, virando de vez em quando, por cerca de 5 minutos, até dourarem e ficarem macias. Transfira para um prato para esfriar um pouco.

5. Misture o cordeiro com 1 colher (sopa) de azeite e tempere generosamente. Coloque os pedaços de cordeiro nos espetos e grelhe por 3-4 minutos, girando de vez em quando, até ficarem cozidos. Transfira para uma tábua de corte e deixe a carne repousar por 5 minutos.

6. Enquanto isso, transfira a cebola grelhada para a tigela com a vagem, juntando a hortelã, o azeite restante e uma pitada generosa de sal e de pimenta. Misture delicadamente, prove e ajuste o tempero.

7. Distribua o molho de iogurte em quatro pratos e sirva com a salada de vagem e os espetos.

SALADA COM QUEIJO DE CABRA * VEGETARIANO

Use esse molho para todo tipo de salada – tomate e manjericão, abobrinha e berinjela grelhadas, avocado fatiado ou um mix de folhas. A gremolata é o acompanhamento clássico do ossobuco, mas também pode ser usada sobre carnes, legumes ou peixes.

Rende 4 porções como entrada ou almoço leve

um maço grande de aspargo
200 g de ervilha fresca debulhada
200 g de fava fresca debulhada [ou feijão-verde]
75 g de espinafre baby
um punhado de brotos de ervilha [ou de alfafa]
4 fatias de pão de fermentação natural
200 g de queijo de cabra fresco com crosta de carvão
sal marinho e pimenta-do--reino moída na hora

Para a gremolata
2 dentes de alho bem picados
4 cols. (sopa) de salsa picada
tiras finas da casca de 1 limão--siciliano orgânico
2 cols. (sopa) de azeitona verde picada

Para o molho de limão-siciliano
suco de 1 limão-siciliano
4 cols. (sopa) de azeite extravirgem
1 col. (chá) de mostarda de Dijon
1 col. (chá) de mel

1. Apare as pontas duras dos aspargos e corte-os em pedaços de 5-6 cm. Leve uma panela com água e sal à fervura e escalde os aspargos por 3 minutos, ou até ficarem macios, depois os mergulhe em uma tigela com água gelada. Escalde as ervilhas na mesma panela por 1-2 minutos, retire e junte aos aspargos. Cozinhe as favas na mesma água por 1-2 minutos e escorra. Enxágue sob água fria, depois aperte as favas para retirar a casca e revelar a parte verde viva e macia no interior. Escorra todos os vegetais e seque-os delicadamente com papel-toalha.

2. Junte todos os ingredientes para a gremolata em uma tigelinha e tempere.

3. Em seguida, faça o molho. Coloque o suco de limão--siciliano em uma tigela, adicione o azeite e a mostarda e bata para misturar. Prove, acrescente o mel e tempere.

4. Misture os vegetais cozidos ao molho e disponha em pratos, acrescentando as folhas de espinafre baby e os brotos de ervilha.

5. Toste o pão dos dois lados em uma frigideira canelada. Corte o queijo de cabra em rodelas de 1 cm de espessura e acomode uma fatia sobre cada torrada. Volte as torradas à frigideira rapidamente, para o queijo amolecer. Disponha a gremolata ao lado, regue com um pouco mais de azeite e sirva imediatamente com a salada.

PIZZA DE FAVA E QUEIJO AZUL * VEGETARIANO

Esse molho de erva-doce é uma base deliciosa para pizzas de algas, de couve ou espinafre. A massa pode ser congelada.

Rende 1 pizza (a massa rende 4 bolas de 150 g)

Para a massa

225 ml de água fria filtrada
10 g de fermento biológico fresco
450 g de farinha italiana para pães, como a tipo 00, mais um pouco para polvilhar
10 g de sal não iodado

Para o molho de erva-doce

1 col. (sopa) de azeite extravirgem
2 cebolas em rodelas finas
3 dentes de alho amassados
5 bulbos de erva-doce fatiados
sal marinho e pimenta-do-reino moída na hora

Para a pizza

20 favas frescas [ou feijões-verdes]
semolina, para polvilhar
1 col. (chá) de azeite extravirgem
uma pitada de sal marinho
8 cubos de queijo azul com cerca de 1 cm
um punhado grande de muçarela de búfala ralada
1 col. (chá) de salsa picada, para servir
cunhas de limão-siciliano, para servir

1. Primeiro prepare a massa da pizza: coloque a água na vasilha da batedeira. Esfarele o fermento sobre a farinha e adicione-os à água, juntando o sal. Bata por 5 minutos em velocidade média. Deixe a massa descansar por 5 minutos, depois bata por mais 20 minutos. A massa deve ficar lisa e grudar na lateral da vasilha.

2. Transfira para um recipiente hermético que acomode quatro vezes o volume da massa. Refrigere por 6 horas ou, de preferência, durante toda a noite.

3. Polvilhe a superfície de trabalho com um pouco de farinha, em seguida pese e divida a massa em quatro pedaços de 150 g usando uma faca. Sove a massa formando bolas do tamanho de uma bola de tênis, transfira para uma bandeja, enfarinhe e leve à geladeira por 6 horas. Retire 1 hora antes de assar a pizza.

4. Enquanto isso, faça o molho de erva-doce: aqueça o azeite em uma panela, adicione a cebola e o alho e deixe suar até amolecer, mas sem dourar. Junte a erva-doce e 600 ml de água, tempere e cozinhe em fogo baixo por 25 minutos, ou até ficar macia. Bata no liquidificador, prove e ajuste o tempero, se necessário.

5. Preaqueça o forno a 240°C. Escalde as favas em água fervente por 2 minutos. Escorra, enxágue com água fria corrente e reserve.

6. Abra a massa de pizza em um disco de 25 cm. Polvilhe uma assadeira grande com um pouco de semolina e acomode a massa da pizza. Regue com o azeite e polvilhe com sal. Espalhe 150 ml do molho de erva-doce, distribua as favas e o queijo azul e cubra com a muçarela.

7. Asse no forno por 10-12 minutos, ou até a massa ficar crocante e o recheio borbulhar e dourar. Polvilhe com salsa e sirva imediatamente com as cunhas de limão-siciliano.

SALADA DE FREEKEH E FAVA

• VEGETARIANO • SEM LATICÍNIOS

Intenso, levemente defumado, com um sabor que lembra castanhas e rico em nutrientes, o freekeh é um grão fantástico para saladas e acompanhamentos. Procure-o em lojas de produtos naturais ou on-line. Se não encontrar, experimente usar cevada ou massa integral. Ervilhas podem ser substituídas por favas, e assar o limão é uma técnica incrível – as fatias levemente chamuscadas lembram um limão confitado mais suave.

Rende 4-6 porções

255 g de freekeh
7 cols. (sopa) de azeite extravirgem
450 g de aspargo aparado
1 limão-siciliano cortado em fatias de 3 mm
1 cebola roxa bem picada
2 dentes de alho fatiados finamente
½ col. (chá) de sementes de erva-doce moídas
250 g de fava fresca sem casca (cerca de 1 kg com a vagem) ou favas congeladas, descongeladas [ou feijão-verde]
1-2 cols. (chá) de pimenta-de-aleppo ou uma pitada de pimenta-de-caiena
sal marinho fino e pimenta-do-reino moída na hora

1. Preaqueça o forno a 190°C. Forre uma assadeira com uma folha de silicone.

2. Em uma panela grande, coloque 950 ml de água, o freekeh, 1 colher (chá) de sal e 1 colher (sopa) de azeite. Leve à fervura em fogo alto, depois reduza a chama, tampe e cozinhe por 40-45 minutos, até o freekeh ficar macio, mas ainda *al dente* e a água ser quase toda absorvida.

3. Enquanto isso, grelhe os aspargos por 10-12 minutos, dependendo da espessura, até ficarem macios e crocantes. Transfira para uma travessa e, ainda quentes, regue-os com 1 colher (sopa) de azeite e tempere generosamente.

4. Disponha as fatias de limão-siciliano em uma só camada na assadeira preparada, regue com 2 colheres (sopa) de azeite e tempere com sal e pimenta-do-reino, cerca de ¼ de colher (chá) de cada.

5. Asse o limão-siciliano por 18-24 minutos, até dourar, girando a assadeira na metade do tempo; transfira as fatias que dourarem mais rápido para uma travessa (fique de olho: elas devem dourar, não queimar). Deixe esfriar um pouco e pique-as.

6. Quando o freekeh estiver pronto, escorra o excesso de água e transfira para uma tigela grande.

7. Aqueça as 3 colheres (sopa) restantes de azeite em uma frigideira antiaderente grande em fogo médio-alto. Adicione a cebola, o alho, a erva-doce e uma pitada generosa de sal. Reduza o fogo para médio-baixo e refogue delicadamente por cerca de 10 minutos, mexendo de vez em quando, até a cebola ficar macia. Acrescente as fatias de limão-siciliano e misture. Refogue por mais 2 minutos e retire a frigideira do fogo.

8. Cozinhe a fava em água fervente salgada por 2 minutos. Escorra e passe sob água fria, depois descasque se estiver usando fava fresca. Transfira a fava e o refogado para a tigela com o freekeh. Corte os aspargos em pedaços de 2,5 cm e adicione-os também.

9. Acrescente ¼ de colher (chá) de sal e a pimenta-de-aleppo e misture. Ajuste o tempero a gosto e sirva.

VERDURAS

FRANGO COM ESPINAFRE AO ALHO

*SEM LATICÍNIOS

Essa maneira pouco (ou talvez muito pouco) habitual de cozinhar peito de frango é baseada na técnica do *sous vide*, usada em grandes restaurantes. Aqui, apresentamos uma versão rústica, que mantém a carne excepcionalmente macia e suculenta por dentro e crocante por fora.

Rende 4 porções

azeite extravirgem
500 g de espinafre lavado e seco
4 peitos de frango caipira com pele
1,5 litro de caldo de frango ou de legumes
3 dentes de alho fatiados finamente
1-2 cols. (chá) de pimenta-dedo-de-moça fatiadas finamente
sal marinho e pimenta-do-reino moída na hora
cunhas de limão-siciliano, para servir

1. Aqueça 1 colher (sopa) de azeite em uma frigideira grande, acrescente um punhado de folhas de espinafre (você terá de trabalhar em lotes) e mexa até murcharem. Transfira para uma tigela e repita o processo com o restante das folhas.

2. Coloque os peitos de frango em uma tábua com o lado da pele para baixo, achate-os com a mão e corte o tendão branco da parte inferior, se ele estiver visível.

3. Ferva o caldo em uma panela média e tempere com sal. Deixe o fogo o mais baixo possível. Mergulhe os peitos de frango no caldo e cozinhe por 15 minutos, sem deixar ferver. Transfira-os para um prato e seque-os com papel-toalha. O caldo pode ser usado novamente: basta coá-lo em uma peneira fina e descartar os sedimentos.

4. Em uma frigideira grande, aqueça ½ colher (sopa) de azeite em fogo médio, tempere bem o frango e frite-o dos dois lados, até dourar. Você pode precisar fazer isso em lotes, ou então use duas frigideiras.

5. Pouco antes de o frango ficar pronto, aqueça 1 colher (sopa) de azeite em outra frigideira em fogo médio, junte o alho e a pimenta-dedo-de-moça e refogue rapidamente, até ficar perfumado e um pouco corado. Acrescente o espinafre, tempere com sal e aqueça bem. Sirva o frango com o espinafre e as cunhas de limão-siciliano.

TORTA DE ESPINAFRE

O espinafre é uma das verduras mais saborosas e, além disso, faz muito bem à saúde – é rico em ferro, vitamina A e antioxidantes. Misturado com queijo, fica duas vezes mais delicioso. Use massa pronta – fica bem mais fácil.

Rende 4 porções

uma fôrma de torta funda, com 20 cm de diâmetro, forrada com massa tipo brisée [podre] ou base de massa pronta
60 g de manteiga
300 g de espinafre
1 cebola bem picada
250 g de cheddar inglês maturado ralado na hora
2 ovos médios
2 gemas médias
200 ml de creme de leite fresco
1 col. (chá) de mostarda de Dijon
sal e pimenta-do-reino moída na hora

1. Preaqueça o forno a 200°C. Leve a base de massa ao forno e asse por 10-15 minutos.

2. Derreta metade da manteiga em uma panela e refogue o espinafre até murchar. Retire da panela e pique-o grosseiramente. Aqueça a manteiga restante e refogue a cebola até ficar macia. Distribua o espinafre e a cebola sobre a massa pré-assada.

3. Bata o cheddar, os ovos, as gemas, o creme de leite, a mostarda e o tempero com um fouet. Despeje sobre o espinafre e a cebola e leve ao forno por 20-30 minutos, até dourar por cima. Apague o fogo e deixe a torta descansar por 5 minutos antes de retirar do forno e servir.

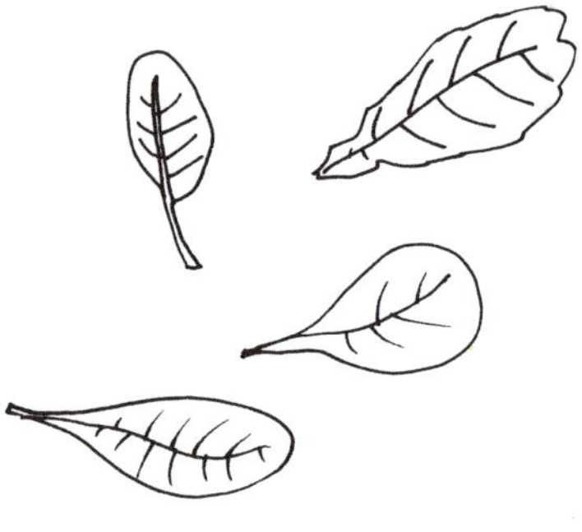

DETOX VERDE DOS SONHOS

* VEGETARIANO * SEM LATICÍNIOS * SEM GLÚTEN

Esse suco é rico em clorofila e antioxidantes, muito importantes para desintoxicar e combater os radicais livres, mas também sacia e é bem nutritivo. As folhas de acelga-suíça contêm ao menos treze antioxidantes diferentes, além de um flavonoide chamado ácido siríngico, que inibe a atividade da enzima que quebra os açúcares simples. Isso faz desse vegetal um grande aliado no controle do açúcar no sangue, o que é fundamental quando você tenta controlar o peso. Não dá para resistir: essa poção verde superemagrecedora é uma delícia de beber (foto na página seguinte).

Rende 1 porção

1 cenoura
⅕ de pepino
um maço pequeno de salsa
um maço pequeno de espinafre
um maço pequeno de acelga-suíça [ou acelga-chinesa]
1 talo de aipo
1 limão

1. Passe todos os ingredientes por uma centrífuga ou mixer, bata e sirva imediatamente.

Multiplique as quantidades se houver mais de uma pessoa e sirva logo após o preparo, para aproveitar o máximo dos ingredientes.

SUCO DE AGRIÃO

* VEGETARIANO * SEM LATICÍNIOS * SEM GLÚTEN

O agrião é um ingrediente fantástico para fazer suco, não só pelo sabor, mas também por ser rico em várias vitaminas – A (sob a forma de betacaroteno), C, E e K –, além de contribuir com cálcio. Passado na centrífuga com aspargo, rico em enxofre, maçã-verde azedinha, abacaxi e pepino, rende um suco cítrico, leve e fresco. A bromelina presente no abacaxi é uma enzima que auxilia na digestão e na quebra de proteínas. Esse suco também rende um aperitivo muito saudável. Uma combinação deliciosa.

Rende 1 porção

um punhado grande de agrião
4 aspargos
1 maçã-verde
1 fatia de abacaxi de 2 cm de espessura
¼ de pepino

1. Passe todos os ingredientes na centrífuga ou mixer, bata bem e sirva imediatamente.

Centrifugar é um modo fantástico de extrair nutrientes de frutas e vegetais frescos, pois mantém o teor de água e produz uma bebida nutritiva e concentrada.

FRANGO CROCANTE COM AGRIÃO

* SEM LATICÍNIOS * SEM GLÚTEN

Grapefruit é um ingrediente subutilizado, mas seu sabor agridoce especial combina bem com frango. A cebola roxa marinada é fundamental para tornar esse prato memorável, com sabor e textura deliciosos.

Rende 2 porções como prato principal ou 4 como entrada

1 cebola roxa grande fatiada finamente
150 ml de vinagre de vinho branco
100 g de açúcar cristal
2 pés de alface-romana baby
60 g de agrião
1 col. (sopa) de azeite
200 g de frango cozido desfiado grosseiramente
1 grapefruit rosa [ou comum] descascado, sem a pele branca e cortado em gomos

Para o molho

2 cols. (sopa) de azeite extravirgem
2 cols. (chá) de vinagre de vinho branco
1 col. (chá) bem cheia de mostarda extraforte
1 col. (chá) de mel

1. Coloque as fatias de cebola roxa em uma tigela refratária. Despeje o vinagre e o açúcar em uma panela pequena e aqueça em fogo baixo, mexendo de vez em quando, até dissolver o açúcar. Aumente o fogo e espere levantar fervura. Regue a cebola com o vinagre adoçado e deixe marinar por 10 minutos a 1 hora.

2. Acomode as folhas de alface e o agrião em uma tigela grande. Junte os ingredientes do molho em um frasco com tampa de rosquear, feche e agite bem. Regue as folhas com o molho e misture.

3. Em uma panela antiaderente, aqueça 1 colher (sopa) de azeite até ficar bem quente. Acrescente o frango desfiado, deixe por 2 minutos ou até começar a ficar crocante, depois vire uma ou duas vezes até dourar e ficar crocante de todos os lados.

4. Para servir, coloque a salada de folhas em uma travessa, distribua os gomos de grapefruit, o frango crocante e finalize com as cebolas marinadas escorridas.

Essa salada pode ser uma boa maneira de usar as sobras do peru de Natal no lugar do frango.

VICHYSSOISE DE AGRIÃO E QUEIJO

Essa é uma das melhores sopas frias. O queijo acrescenta uma certa profundidade, que combina bem com o alho--poró e o agrião picante.

Rende 4 porções

1 cebola picada
3 alhos-porós picados
50 g de manteiga sem sal
225 g de batata-bolinha picada
900 ml de caldo de legumes ou de frango
100 g de agrião
5 cols. (sopa) de creme de leite light
90 ml de leite
75 g de roquefort despedaçado
sal e pimenta-do-reino moída na hora

1. Refogue a cebola e o alho--poró na manteiga por cerca de 5 minutos, até começarem a murchar. Acrescente a batata--bolinha e refogue por mais 5 minutos.

2. Junte o caldo e deixe ferver, depois reduza o fogo e cozinhe por 25 minutos, até todos os vegetais ficarem macios.

3. Retire do fogo. Junte as folhas de agrião e deixe infundir na sopa por 5 minutos, depois bata no liquidificador até formar um creme liso.

4. Coloque o creme de leite, o leite e o roquefort em uma panela pequena e aqueça levemente, mexendo até ficar homogêneo. Adicione à sopa, misture bem e tempere. Passe por uma peneira fina e leve à geladeira até a hora de servir.

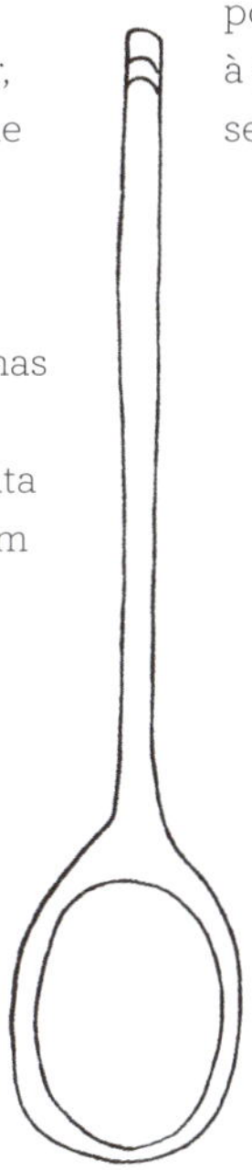

SALADA DE SALMÃO E AGRIÃO

* SEM GLÚTEN * SEM LATICÍNIOS

Acompanhado do sabor picante do agrião, esse salmão rende uma refeição muito saborosa e gratificante. Nessa receita pode ser usado salmão fresco ou em conserva, pois ambos são ricos em ácidos graxos ômega-3 de cadeia longa.

Rende 2 porções

150 g de batata-bolinha (2-3 por pessoa)
80 g de brócolis
80 g de agrião lavado e seco
2 filés de salmão cozidos e desfiados ou 200 g de salmão em conserva

Para o molho
3 cols. (sopa) de azeite
1 col. (sopa) de suco de limão--siciliano
1 col. (chá) de mostarda
1 col. (sopa) de endro picado
1 col. (chá) de mel

1. Bata todos os ingredientes do molho com um fouet até misturar bem. Reserve.

2. Cozinhe a batata-bolinha por cerca de 10 minutos, ou até ficar macia, acrescentando os brócolis nos últimos minutos (eles devem só amaciar, e não ficar cozidos demais). Escorra e, quando as batatas estiverem frias o suficiente para segurar, corte-as em rodelas.

3. Para montar a salada, coloque o agrião em uma travessa, adicione o salmão, as batatas e os brócolis. Por fim, regue com o molho.

Quando for época, use aspargos para substituir ou complementar os brócolis.

RAVIÓLI DE SALMÃO COM PESTO DE AGRIÃO

O sabor defumado do salmão, a cremosidade do queijo de cabra e o pesto resultam em uma combinação deliciosa; a incrível Massa fresca de dillisk (p. 52), usada para fazer o ravióli, eleva esse prato aos patamares mais altos.

Rende 6 porções

1 receita de Massa fresca de dillisk (p. 52; foto ao lado)
150 g de queijo de cabra fresco
150 g de salmão defumado cortado em pedaços
sal marinho e pimenta-do-reino moída na hora

Para o pesto de agrião
110 g de agrião fresco
150 ml de azeite extravirgem
25 g de pinhole tostado
2 dentes de alho
50 g de parmesão ralado na hora

1. Corte a massa em tiras de cerca de 10 cm de largura e distribua colheradas (chá) de queijo de cabra em intervalos de 7,5 cm sobre elas. Tempere o salmão com sal e pimenta-do-reino e espalhe 1 colher (chá) sobre o recheio de queijo.

2. Dobre a massa e aperte ao redor do recheio para unir. Corte cada ravióli com uma faca afiada e sele as bordas com um garfo, para o recheio não escapar durante o cozimento.

3. Coloque uma panela grande com água e sal para ferver em fogo alto. Cozinhe o ravióli por 5 minutos.

4. Enquanto a massa cozinha, faça o pesto de agrião. Junte o agrião, o azeite, o pinhole, o alho e o parmesão ralado no processador e bata por alguns minutos.

5. Escorra a massa e coloque-a de volta na panela. Acrescente o pesto de agrião e misture delicadamente.

6. Tempere com pimenta-do-reino e sirva.

MASSA FRESCA DE DILLISK

* VEGETARIANO * SEM LATICÍNIOS

O litoral tem uma série de algas fantásticas e ultimamente elas começam a aparecer mais e mais nos cardápios. A dillisk é uma alga vermelha com sabor marinho sutil que combina bem com massa fresca.

Rende cerca de 1 kg

500 g de farinha de trigo duro [ou semolina], mais um pouco para polvilhar
4 cols. (sopa) de alga dillisk* seca bem picada
uma pitada grande de sal marinho
7 ovos médios
farinha de semolina, para polvilhar

1. Coloque a farinha de trigo duro, a alga, o sal e os ovos na batedeira e bata até formar a massa. Transfira a massa para uma superfície enfarinhada e sove até ficar homogênea. Separe a massa em seis bolas, cubra com um pano de prato e deixe descansar em local fresco ou na geladeira por 30 minutos.

2. Se tiver uma máquina de abrir massa, prepare-a e passe-a pelos rolos oito vezes. Reduza a abertura a cada passagem até chegar à mais fina. Cuidado para a massa não rasgar: você deve obter uma folha longa e fina. Se não tiver máquina, abra a massa com um rolo até ela ficar bem fina (isso pode ser difícil, pois ela rasga facilmente – invista em um abridor de massa, eles são baratos e muito úteis).

3. Em seguida, polvilhe levemente a folha de massa com a farinha de semolina e pendure-a em um varal limpo ou algo similar por 10 minutos. Armazene na geladeira e consuma em até 2 dias.

* Também conhecida como dulce; pode ser substituída pela mesma quantidade de nori.

SALADA CAESAR * VEGETARIANO

Este livro não estaria completo sem essa clássica salada. A alface-romana é rica em vitamina A, mas o azeite, usado nos croûtons e no molho, também é muito nutritivo. Ele contém gorduras saudáveis e antioxidantes, portanto vale a pena investir em um azeite de boa qualidade.

Rende 2 porções

½ ciabatta pequena cortada em cubos grandes
azeite
1 ovo grande
1 dente de alho amassado
1 col. (sopa) de suco de limão
1 col. (chá) de molho inglês vegetariano*
1 col. (chá) de mostarda de Dijon
1 alface-romana rasgada grosseiramente
25 g de parmesão vegetariano ralado na hora
sal e pimenta-do-reino moída na hora

1. Preaqueça o forno a 190°C. Para fazer os croûtons, misture os cubos de ciabatta com 1 colher (sopa) de azeite e tempere bem. Espalhe sobre uma assadeira grande e asse até dourar e ficar crocante, por cerca de 10 minutos.

2. Coloque o ovo em uma panela, cubra com água fria e leve à fervura. Cozinhe por 1 minuto, depois transfira o ovo para uma tigela com água fria para interromper o cozimento. Quando estiver frio o suficiente para segurar, quebre o ovo no copo do processador, adicionando o alho, o suco de limão, o molho inglês, a mostarda e 2½ colheres (sopa) de azeite. Bata bem e tempere com sal e pimenta-do-reino a gosto.

3. Para servir, coloque a alface em uma tigela grande, regue com o molho e finalize com os croûtons e o parmesão. Misture bem e sirva imediatamente.

* Para fazer o molho inglês vegetariano, cozinhe em fogo baixo: 2 xícaras (chá) de vinagre de maçã, ½ xícara (chá) de molho de soja, ¼ de xícara (chá) de açúcar mascavo, 2 colheres (chá) de gengibre ralado, 1 colher (chá) de sementes de mostarda, ½ colher (chá) de canela em pó, ½ colher (chá) de cravo, uma pitada de pimenta-do-reino moída na hora, 1 dente de alho, ¼ de cebola picada, 1 colher (sopa) de folhas de aipo picadas e 1 folha de louro. Deixe o volume reduzir à metade. Retire a folha de louro, espere esfriar e bata tudo no liquidificador. Mantenha em recipiente hermético.

SARDINHA COM ALFACE-DE-CORDEIRO

* SEM GLÚTEN * SEM LATICÍNIOS

Essa salada simples desafia as estações – rende um bom almoço para um dia de verão, uma entrada agradável para uma refeição festiva de inverno e um prato rico em nutrientes para todas as horas. Sirva em uma tigela grande ou em porções individuais.

Rende 4 porções

1 bulbo de erva-doce, incluindo hastes e folhas
8 sardinhas frescas e limpas, com cabeça e cauda
2 limões-sicilianos
3 cols. de azeite extravirgem, mais um pouco para pincelar
½ col. (chá) de pimenta-de-aleppo ou uma pitada de pimenta-de-caiena
115 g de alface-de-cordeiro [ou folhas de agrião baby, ou de espinafre baby]
sal marinho fino e pimenta-do-reino moída na hora

Se usar a churrasqueira, coloque uma assadeira com grelha para não deixar as fatias de limão caírem na brasa. A alface-de-cordeiro também pode ser substituída por qualquer alface pequena e macia.

1. Pique metade da erva-doce em pedacinhos, incluindo metade das folhas.

2. Enxágue as sardinhas, seque com papel-toalha e acomode-as em uma travessa. Retire raspas finas de 1 limão-siciliano, espalhe-as sobre as sardinhas e vire-as para cobrir dos dois lados. Regue com ½ colher (sopa) de azeite e salpique o peixe por dentro e por fora com pedaços de erva-doce, pimenta-de-aleppo e ¼ generoso de colher (chá) de sal.

3. Esprema 2 colheres (chá) de suco de limão-siciliano em uma tigelinha e reserve. Corte o limão restante em rodelas de 3 mm de espessura. Descarte as sementes.

4. Acenda a churrasqueira ou aqueça uma frigideira canelada até ficar quente. Pincele com azeite e grelhe as sardinhas, se necessário em lotes, por 4-5 minutos, virando uma vez, só até ficar cozida. Com uma espátula de metal, transfira o peixe para uma travessa grande e limpa.

5. Tempere as fatias de limão com um pouco de sal e pimenta-do-reino, em seguida grelhe por cerca de 1 minuto de cada lado, até ficarem ligeiramente chamuscadas. Transfira para uma tigela grande.

6. Corte o outro bulbo de erva-doce em fatias finas e coloque-o na tigela com o limão grelhado. Adicione o suco de limão reservado, as 2½ colheres restantes de azeite, metade das folhas de erva-doce, ½ colher (chá) de sal e uma pitada generosa de pimenta-do-reino; misture. Adicione a alface-de-cordeiro e mexa delicadamente.

7. Divida a salada e as sardinhas entre quatro pratos e guarneça com as folhas restantes de erva-doce.

SALADA FATUCHE COM RABANETE

* VEGETARIANO * SEM LATICÍNIOS

Fatuche é uma salada árabe feita com pão pita tostado e vegetais frescos. Assim que todos os vegetais estiverem cortados, ela é super-rápida de montar – perfeita para um almoço tranquilo de verão. Além disso, tem o reforço das vitaminas A e K da alface-romana, que ajudam a proteger e regenerar a pele.

Rende 4 porções

1 pepino descascado, sem sementes e cortado em cubos de 1 cm
3 pães pita
2 dentes de alho amassados
suco de 1 limão-siciliano
3 cols. (sopa) de azeite extravirgem
2 alfaces-romanas baby picadas grosseiramente
6 rabanetes cortados em rodelas
1 cebola roxa bem picada
5 tomates maduros descascados, sem sementes e picados
4 cols. (sopa) de folhas de beldroega picadas [ou agrião baby, ou espinafre baby]
2 cols. (sopa) de cada: salsa, coentro e hortelã
sal e pimenta-do-reino moída na hora

1. Coloque os cubos de pepino em um escorredor de macarrão, polvilhe-os com sal e deixe escorrer por 20 minutos.

2. Enquanto isso, toste o pão sírio e corte-o em tiras pequenas.

3. Em uma tigela grande, misture o alho, o suco de limão-siciliano e o azeite para fazer o molho.

4. Remova o excesso de sal do pepino e transfira-o para a tigela com o molho, juntando os vegetais cortados, as ervas e o pão sírio tostado. Misture bem para cobrir com o molho. Tempere com sal e pimenta e sirva imediatamente.

RÚCULA, FRAMBOESA E GORGONZOLA

Uma salada parecida com essa é servida no belo café Olympic, em Kalk Bay, que serve um dos melhores cafés da África do Sul. Eles não se importam com as regras de um café formal e funcionam com uma mistura de charme rústico e estilo invejável.

Rende 4 porções

2 cols. (sopa) de azeite
2 pedaços grandes de pão integral cortado em cubos pequenos
½ col. (chá) de sal
200 g de framboesa, as maiores que encontrar
70 g de rúcula
150 g de gorgonzola em pedaços

Para o molho
2 cols. (sopa) de vinagre de framboesa
1 col. (chá) de mostarda de Dijon
2 cols. (sopa) de azeite extravirgem

1. Comece pelos croûtons para que não estejam muito quentes quando acrescentados à salada. Aqueça o azeite em uma frigideira média e, ao começar a borbulhar, coloque o pão. Adicione o sal e frite, até ficarem crocantes. Mexa constantemente para tostar por igual.

2. Para o molho, misture todos os ingredientes e mexa até combinarem bem – sem deixar respingar e manchar sua roupa!

3. Coloque a framboesa, a rúcula e o gorgonzola em uma tigela e regue com o molho. Misture (com cuidado para não machucar a rúcula) e adicione os croûtons. Sirva porções generosas em pratos grandes.

Tente encontrar o vinagre de framboesa para o molho – é um ingrediente valioso para sua despensa –, mas, se for muito difícil, substitua-o por vinagre de vinho branco. Para uma receita vegetariana, use muçarela de búfala em vez de gorgonzola.

ABÓBORA-CHEIROSA E RÚCULA

* VEGETARIANO * SEM GLÚTEN * SEM LATICÍNIOS

Um almoço leve e saudável que agrada aos adeptos da dieta Paleo. A abóbora-cheirosa é a substituição perfeita para satisfazer o desejo por carboidratos.

Rende 4 porções

1 abóbora-cheirosa grande descascada, cortada ao meio e sem sementes
2 cols. (sopa) de azeite
1 col. (sopa) de tomilho picado
1 col. (sopa) de mel
225 g de folhas de rúcula
120 g de sementes de abóbora tostadas
pimenta-do-reino moída na hora

Para o molho
4 cols. (sopa) de azeite
suco de ½ limão-siciliano
suco de ½ laranja
1 col. (chá) de mostarda de Dijon
1 col. (chá) de folhas de tomilho picadas

1. Preaqueça o forno a 220°C.

2. Corte a abóbora em cunhas e coloque-as em uma tigela grande. Regue com o azeite, adicione o tomilho e misture. Transfira para uma assadeira e leve ao forno por 30 minutos. A cada 10 minutos, retire a assadeira do forno e vire a abóbora para tostar e caramelizar por inteiro.

3. Após 30 minutos, mexa uma última vez, regue com o mel e asse por mais 5 minutos, depois reserve para esfriar um pouco.

4. Enquanto isso, misture todos os ingredientes do molho e tempere a rúcula em uma tigela grande. Espalhe as sementes de abóbora por cima e acrescente a abóbora. Finalize com um pouco de pimenta-do-reino moída na hora e sirva.

A abóbora-cheirosa tem um sabor adocicado e profundo, então não é preciso fazer muita coisa quando usá-la. É deliciosa para se comer crua, mas fica perfeita assada e deliciosamente caramelizada.

ACELGA-SUÍÇA, PIMENTA E ROMÃ

* VEGETARIANO * SEM LATICÍNIOS * SEM GLÚTEN

A acelga-suíça combina tão bem com especiarias e frutas que até parecem velhos amigos – seus sabores têm tudo a ver; quaisquer rusgas são suavizadas pela cebola refogada e um punhado generoso de coentro.

Rende 6 porções

3 cols. (sopa) de azeite extravirgem
2 cebolas grandes cortadas ao meio e fatiadas finamente
um pouco de vinagre de vinho branco ou de maçã
500-600 g de acelga-suíça [ou acelga-chinesa]
½ col. (chá) de pimenta-da-jamaica
sal marinho
30 g de folhas de coentro picadas
sumagre (opcional)
3 cols. (sopa) bem cheias de sementes de romã

1. Aqueça 2 colheres (sopa) de azeite em uma panela grande em fogo médio e refogue as cebolas por 15-20 minutos, mexendo com frequência, até ficarem macias e dourarem.

2. Enquanto isso, coloque uma panela grande com água para ferver e acrescente um pouco de vinagre. Separe as folhas dos talos da acelga, corte as folhas em tiras grossas e os talos em fatias finas. Coloque os talos na panela e cozinhe por 5 minutos, depois acrescente as folhas e cozinhe por mais 2 minutos. Transfira para um escorredor e chacoalhe para drenar.

3. Adicione a pimenta-da-jamaica à cebola, depois junte a acelga. Tempere com sal e refogue levemente por alguns minutos para harmonizar os ingredientes, em seguida acrescente o coentro. Transfira para uma travessa, regue com a colher (sopa) de azeite restante, salpique com um pouco de sumagre, se desejar, e finalize com as sementes de romã.

CRUCÍFERAS

CRISPS DE COUVE

* VEGETARIANO * SEM GLÚTEN * SEM LATICÍNIOS

A couve é uma estrela nos cardápios dos restaurantes, em feiras de orgânicos e nas prateleiras de supermercado, o que faz desses crisps o *snack* do momento. É supernutritivo – a couve-crespa funciona melhor nessa receita.

Rende 1 porção bem grande

250 g de couve-crespa [ou couve-manteiga]
2 cols. (sopa) de azeite extravirgem
sal marinho
açúcar

1. Preaqueça o forno a 150°C. Retire as folhas do talo da couve e rasgue-as em pedaços pequenos. Coloque a couve em uma tigela, adicione o azeite, um pouco de sal e uma pitada de açúcar e misture bem. Espalhe em uma única camada em duas assadeiras.

2. Asse em forno preaquecido por cerca de 20 minutos, até ficar crocante. Transfira para uma grade para esfriar e ficar ainda mais sequinha. Aproveite!

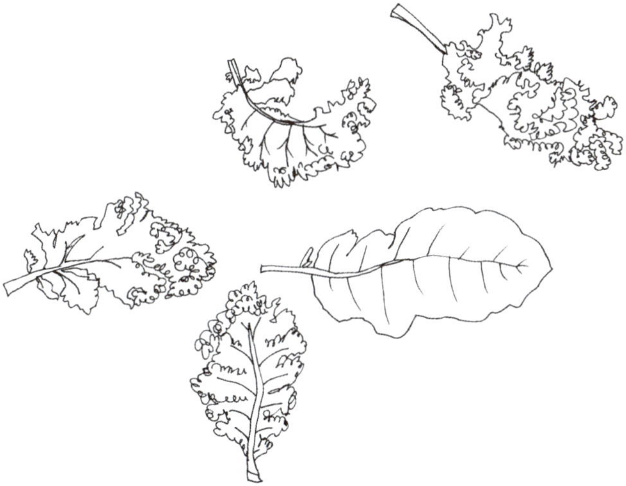

ARROZ COLORIDO, COUVE E ROMÃ

* VEGETARIANO * SEM GLÚTEN * SEM LATICÍNIOS

Essa é uma receita atual, cheia de superalimentos e ingredientes clássicos da cozinha turca, como endro, salsa, hortelã, sementes de romã e nozes, que são saborosos e, aliados à couve, dão um toque leve e delicioso ao prato. O arroz de várias cores – preto, vermelho, integral e branco – torna o prato muito colorido e rico em texturas e sabores. O molho com sumagre dá uma nota extra de acidez, e uma pitada da fruta moída é uma bela maneira de deixar qualquer molho de salada mais gostoso.

Rende 4-6 porções

350 g arroz preto, vermelho, integral e branco misturados
150 g de couve
um punhado de endro bem picado
dois punhados de folhas de salsa bem picadas
um punhado de folhas de hortelã bem picadas
1 pimenta-malagueta sem sementes e bem picada
200 g de sementes de romã
55 g de nozes quebradas

Para o molho
4 cols. (sopa) de azeite
3 cols. (sopa) de melaço de romã
suco de 1 limão-siciliano
1 col. (chá) de açúcar
1 col. (chá) de sumagre
sal marinho e pimenta-do--reino moída na hora

1. Cozinhe todos os tipos de arroz em uma panela grande com água fervente seguindo as instruções do pacote, começando pela variedade que leva mais tempo e acrescentando o restante no momento apropriado, para que todos cozinhem perfeitamente. Escorra e enxágue sob água fria corrente. Reserve para secar.

2. Enquanto isso, cozinhe a couve por 2-3 minutos em uma panela grande com água fervente. Escorra e esfrie sob água fria corrente. Em seguida, escorra completamente e esprema o excesso de água com as mãos.

3. Bata todos os ingredientes para o molho em uma tigela pequena com um fouet.

4. Coloque o arroz escorrido em uma tigela grande e junte a couve, as ervas, a pimenta--malagueta, metade das sementes de romã e das nozes. Adicione três quartos do molho e misture.

5. Transfira a salada para uma travessa e regue com o restante do molho. Finalize com as sementes de romã e as nozes restantes e sirva imediatamente.

SUCO VERDE VIVO

* VEGETARIANO * SEM LATICÍNIOS * SEM GLÚTEN

Esse suco é verde para valer – na cor e no sabor. Se você precisar escolher apenas um suco para fazer bem para a pele, opte por esse! A couve é um superalimento, e não só por ser rica em vitamina K; ela é muito valorizada por nutricionistas pelo seu teor de ômega-3 e pelos mais de 40 diferentes flavonoides que lhe conferem propriedades antioxidantes e anti-inflamatórias. Os brotos de brócolis contêm níveis de sulforafano cem vezes maiores do que os encontrados na planta adulta. O sulforafano é um composto que aumenta a capacidade de desintoxicação do fígado, um processo essencial para ter pele bonita e se manter saudável.

Rende 4 porções

4-5 punhados de couve
um punhado de salsa
2 kiwis descascados
1 limão
um punhado de brotos de brócolis [ou de alfafa, ou de agrião]
½ col. (chá) de espirulina

1. Passe todas as frutas, legumes e brotos pela centrífuga ou mixer, acrescente a espirulina, mexa e sirva.

PAPPARDELLE COM CAVOLO NERO *VEGETARIANO

O cavolo nero – primo italiano da couve, também conhecido como couve-preta ou couve-toscana – é um campeão nutricional; em combinação com o alho, que faz bem ao coração, esse prato é tudo de bom. Você pode trocar a coalhada por iogurte para dar um toque mais saudável, mas cuidado para não talhar o molho.

Rende 4 porções

200 g de pappardelle
2 cols. (sopa) de azeite
4 dentes de alho bem picados
200 g de cavolo nero [ou couve-manteiga] sem os talos e picado
sal marinho e pimenta-do--reino moída na hora
150 ml de vinho branco
4 cols. (sopa) de coalhada
4 cols. (sopa) de parmesão vegetariano ralado na hora [ou queijo vegano tipo parmesão], mais um pouco para servir

1. Leve ao fogo uma panela grande com água e sal. Espere ferver e cozinhe o pappardelle por 6-8 minutos, até ficar *al dente*.

2. Enquanto isso, aqueça o azeite em uma panela média e adicione o alho picado. Junte o cavolo nero e refogue até murchar. Tempere com sal e pimenta. Adicione o vinho branco e continue refogando por mais 3-5 minutos, até reduzir.

3. Acrescente a coalhada e o parmesão. Escorra a massa, misture com o molho e sirva imediatamente com um pouco mais de parmesão polvilhado por cima.

MACARRÃO SOBA COM CAVOLO NERO *VEGETARIANO *SEM LATICÍNIOS

Delicado e agradável aos olhos, esse macarrão é temperado com um molho doce de gengibre e um pouco de limão. Também leva uma boa quantidade de cavolo nero branqueado e avocado para equilibrar. Experimente com molho de soja para um toque mais salgado.

Rende 4 porções

250 g de macarrão soba
1 maço de cavolo nero [p. 73; ou couve-manteiga] (cerca de 200 g)
1 avocado maduro
4 cebolinhas fatiadas
40 g de gergelim, para decorar
sal

Para o molho

1-2 dentes de alho amassados
1 col. (chá) de pasta de tamarindo
4 cm de gengibre descascado e ralado fino
1 col. (sopa) de maple syrup
2 cols. (sopa) de azeite extravirgem
2 cols. (chá) de óleo de gergelim
raspas finas e suco de 1 limão orgânico

1. Cozinhe o macarrão soba em água fervente, de acordo com as instruções da embalagem, em geral por cerca de 5 minutos. Escorra e lave bem sob água corrente, até esfriar.

2. Separe as folhas de cavolo nero e apare a base do caule de cada uma. Pique-as grosseiramente e cozinhe em uma panela com água fervente com um pouco de sal, por 3-4 minutos, até ficarem macias. Escorra, deixe esfriar, esprema o excesso de água e pique mais um pouco.

3. Para o molho, misture todos os ingredientes (incluindo o sumo do gengibre) e mexa bem até homogeneizar.

4. Corte o abacate em pedaços de 2 cm e reserve.

5. Coloque o macarrão e a verdura em uma tigela grande e regue com o molho. Misture bem antes de acrescentar o abacate e a cebolinha. Cuidado para que o abacate não vire uma papa.

6. Sirva com o gergelim.

CAVOLO NERO COZIDO *VEGETARIANO

Sirva essa saborosa folha escura e nutritiva sozinha, como acompanhamento ou cobertura para uma polenta.

Rende 4-6 porções

4 maços de cavolo nero [p. 73; ou couve-manteiga]
3 cols. (sopa) de azeite extravirgem, mais um pouco para regar
2 dentes de alho descascados e fatiados finamente
sal marinho e pimenta-do--reino moída na hora
bruschetta tostada

1. Remova os talos do cavolo nero. Escalde as folhas em uma panela grande com água fervente bem salgada por 3-5 minutos. Tome cuidado para não cozinhar demais. Escorra bem.

2. Aqueça o azeite em uma panela de fundo grosso. Junte o alho e refogue. Quando começar a corar, acrescente o cavolo nero e tempere generosamente com sal e pimenta.

3. Refogue por cerca de 5 minutos. Transfira para uma tigela e regue com bastante azeite extravirgem.

4. Sirva sobre uma bruschetta grelhada ou tostada.

CHARUTINHO DE REPOLHO COM QUINOA

Experimente variar essa receita acrescentando algumas nozes, ou sirva a quinoa à parte, polvilhada com gruyère. Você também pode substituir o repolho por acelga.

Rende 4 porções

10 g de cogumelo porcini seco
4 cols. (sopa) de azeite
1 cebola bem picada
2 talos de aipo bem picados
2 cenouras bem picadas
3 dentes de alho bem picados
100 g de cogumelo-de-paris fatiado finamente
100 g de quinoa
200 ml de vinho tinto
80 g de grão-de-bico cozido
1 repolho-crespo [ou comum] grande
800 g de tomate pelado amassado
1 col. (chá) de açúcar
100 g de gruyère
sal marinho e pimenta-do-reino moída na hora

1. Preaqueça o forno a 180°C.

2. Demolhe o cogumelo porcini em 300 ml de água fervente. Enquanto isso, aqueça metade do azeite em uma panela de tamanho médio. Adicione metade da cebola, do aipo, da cenoura e do alho e refogue em fogo médio até amolecer. Acrescente o cogumelo-de-paris e refogue por mais 3 minutos.

3. Adicione a quinoa e refogue por 1 minuto, mexendo o tempo todo. Junte o cogumelo demolhado e seu caldo, acrescente metade do vinho e tempere. Deixe ferver, abaixe o fogo, tampe e cozinhe por cerca de 15-20 minutos, até os ingredientes ficarem macios e o caldo apurar. Tempere e acrescente o grão-de-bico.

4. Ferva água com sal em uma panela. Remova o miolo do repolho, retire 8-12 folhas e escalde-as por 5 minutos, ou até amolecerem. Escorra, passe sob água fria e escorra de novo.

5. Remova os talos centrais duros e coloque as folhas de repolho cozidas em uma superfície de trabalho, com o lado externo para baixo. Disponha cerca de 2 colheres (sopa) cheias da mistura de quinoa sobre metade da folha e enrole, dobrando as laterais para dentro para formar um charutinho. Acomode os charutinhos em um refratário grande com o fechamento virado para baixo.

6. Aqueça o azeite restante em fogo médio, adicione o restante da cebola, do aipo, da cenoura e do alho e refogue até ficarem macios. Junte o vinho restante, os tomates, o açúcar e o sal e leve à fervura. Abaixe o fogo e deixe cozinhar até reduzir pela metade. Despeje sobre os charutinhos, cubra com papel-alumínio e asse por cerca de 40 minutos, até ficar macio.

7. Sirva quente, polvilhado com gruyère.

REPOLHO COM SALMÃO E MEL *SEM LATICÍNIOS *SEM GLÚTEN

Mel e gengibre são dois ingredientes incríveis e fazem mágica quando cozidos juntos. Os dois são excelentes para o sistema imunológico, o que faz desse jantar uma boa opção para os meses de inverno.

Rende 4 porções

4 filés de salmão sem pele (300 g cada)

Para o molho
2 cols. (sopa) de mel
1 col. (sopa) de mostarda de Dijon
suco de 1 limão-siciliano
2,5 cm de gengibre descascado e ralado

Para o repolho
3 cols. (sopa) de azeite
1 repolho pequeno cortado em tiras finas
1 dente de alho amassado
1 col. (sopa) de gergelim, mais um pouco para guarnecer
pimenta-do-reino moída na hora
4 cebolinhas picadas

1. Aqueça uma frigideira antiaderente grande em fogo alto e adicione o salmão – se tiver uma frigideira antiaderente de boa qualidade, a gordura do salmão deve ser suficiente para fritá-lo, sem necessidade de adicionar mais óleo. Frite o salmão por 3-4 minutos de cada lado.

2. Enquanto isso, faça o molho. Coloque o mel, a mostarda, o limão-siciliano e o gengibre em uma tigela e misture. Reserve.

3. Quando o salmão estiver malpassado, regue-o com o molho usando uma colher e retire do fogo. O molho vai caramelizar na frigideira e deixar o salmão grudento e levemente tostado.

4. Para cozinhar o repolho, aqueça metade do azeite em um wok em fogo médio. Junte o repolho e refogue por 3-4 minutos, em seguida acrescente o azeite restante e refogue por mais 5 minutos, mexendo sem parar (se estiver muito seco, pingue uma ou duas gotas de água). Adicione o alho e o gergelim e refogue por mais 1 minuto.

5. Transfira o repolho para um prato, tempere com pimenta-do-reino e acomode o salmão ao lado. Espalhe a cebolinha por cima e sirva com mais um pouco de gergelim.

CHOI SUM NO WOK COM SHIITAKE

* SEM LATICÍNIOS

Receitas com verduras à moda oriental estão cada vez mais comuns, graças ao interesse crescente pelas cozinhas tailandesa e chinesa. Os ingredientes desse prato são bem aromáticos e o sabor final é delicioso – então, mãos ao wok!

Rende 4 porções

450 g de choi sum [ou acelga-chinesa]
2 cols. (sopa) de óleo de amendoim
1 dente de alho amassado
1 col. (sopa) de gengibre descascado e bem picado
100 g de cogumelo shiitake
75 g de castanha d'água chinesa [ou broto de bambu], descascada e fatiada
100 ml de caldo de frango
2 cols. (sopa) de maisena
1 col. (sopa) de óleo de gergelim
2 cols. (sopa) de molho tamari
1 col. (sopa) de amendoim torrado

1. Separe as folhas dos talos do choi sum. Corte-os em pedaços de 5 cm e escalde-os em água fervente salgada até começarem a ficar macios; depois escorra bem.

2. Aqueça um wok ou frigideira funda e coloque o óleo de amendoim, o alho, o gengibre, os talos de choi sum, o cogumelo e a castanha d'água para refogar por 3-4 minutos. Adicione as folhas do choi sum e refogue por mais 1 minuto.

3. Misture o caldo de frango à maisena até formar uma pasta e leve-a à frigideira. Junte o óleo de gergelim e o molho tamari e mexa bem. O molho deve cobrir os vegetais como um verniz. Polvilhe com o amendoim e sirva imediatamente.

LOMBO ASSADO COM BRÓCOLIS

* SEM GLÚTEN

Carne de porco combina muito bem com frutos do mar, já que um potencializa o sabor do outro. Aqui eles são usados em um prato da cozinha franco-chinesa. Alho fresco e gai lan, ou brócolis do tipo ramoso, são cozidos na manteiga e complementados por vieiras macias. O douchi, feijão de soja fermentada, acrescenta uma camada sutil de sabor umami que harmoniza o prato. A combinação dá uma bela sinfonia.

Rende 4 porções

50 g de douchi [natto]
uma pitada de cravo em pó
uma pitada de cardamomo em pó
1 col. (chá) de sementes de coentro moídas
1 col. (sopa) de alho fresco [ou alho-poró] bem picado, mais 60 g fatiado
900 g de lombo de porco
sal marinho e pimenta-do--reino moída na hora
240 g de gai lan [ou brócolis do tipo ramoso]
1 col. (sopa) de gengibre cortado à juliana
60 g de manteiga sem sal amolecida
225 g de vieira enxaguada
vinagre de arroz

1. Em uma panela pequena em fogo alto, coloque 120 ml de água, o douchi, as especiarias e o alho picado. Deixe ferver até reduzir a três quartos. Transfira para o liquidificador e bata até ficar homogêneo. Reserve.

2. Tempere a carne de porco com sal e pimenta-do-reino. Em uma frigideira grande em fogo alto, refogue o lombo com a gordura virada para baixo até dourar e ficar crocante, ou cerca de 7 minutos.

3. Escorra a gordura derretida da frigideira e reserve-a para outro uso. Vire o lombo e refogue até dourar, ou por cerca de 10 minutos.

4. Abaixe o fogo e deixe o lombo cozinhar por dentro, ou por cerca de mais 5 minutos, mas ainda mantendo o interior rosado. Transfira para um prato limpo e reserve por 10 minutos.

5. Volte a frigideira usada para refogar o lombo ao fogo e adicione os brócolis, o alho fatiado e o gengibre. Cozinhe até os brócolis começarem a murchar, depois junte a manteiga e cozinhe por mais 1 minuto.

6. Retire a panela do fogo e acrescente a vieira. Tempere com sal e vinagre. A vieira vai aquecer enquanto a frigideira esfria.

7. Corte o lombo em fatias finas no sentido contrário ao das fibras e divida entre quatro pratos. Cubra com o purê de douchi e arrume os brócolis ao redor, para acompanhar. Sirva imediatamente.

REFOGADO PRIMAVERA * VEGETARIANO

Fava e brócolis, crocantes e frescos, são boas fontes de fibras – junte-os com a acelga-chinesa e o resultado é uma refeição rápida e deliciosa, rica em vitaminas A, C e potássio.

Rende 4 porções

200 g de macarrão oriental de sua preferência
1 col. (sopa) de óleo
250 g de brócolis do tipo roxo [ou ramoso], separado em floretes pequenos
4 dentes de alho bem picados
1 cm de gengibre bem picado
1 pimenta-malagueta sem sementes e fatiada
um maço de cebolinha picada
150 g de fava fresca (600 g com a vagem), cozida e sem a pele, se forem grandes [ou feijão-verde, ou ervilha-torta]
2 pés de acelga-chinesa cortados em fatias grossas
1½ col. (sopa) de molho hoisin
1 col. (sopa) de molho de soja

1. Coloque uma panela grande com água para ferver e cozinhe o macarrão seguindo as instruções da embalagem, ou até ficar macio. Escorra bem e enxágue sob água fria para interromper o cozimento.

2. Aqueça o óleo em um wok ou frigideira antiaderente. Adicione os brócolis e refogue-os em fogo alto por 5 minutos, ou até ficarem macios, acrescentando um pouco de água se começar a pegar no fundo. Junte o alho, o gengibre e a pimenta-malagueta, refogue por mais 1 minuto e então acrescente a cebolinha, a fava e a acelga-chinesa. Refogue por mais 2-3 minutos.

3. Adicione o molho hoisin e o de soja e aqueça bem. Junte o macarrão aos legumes para aquecer e sirva.

BRÓCOLIS AO FORNO COM TRIGUILHO * VEGETARIANO

Os brócolis deveriam receber mais atenção. Seus floretes são geralmente colocados ao lado no prato, apagados e fervidos até virarem uma massa sem graça, mas esse não deveria ser o seu destino. Com uma boa técnica e alguns ingredientes sofisticados – cereja seca, triguilho e pistache – eles ganham uma aparência completamente nova, com sabor irreconhecível e inesperado.

Rende 3 porções

1 maço de brócolis grande dividido em floretes
2 cols. (sopa) de azeite
150 g de triguilho
50 g de cereja seca, mais algumas para guarnecer
50 g de pistache picado
raspas de 1 limão-siciliano orgânico
sal marinho e pimenta-do--reino moída na hora

Para o molho
3 cols. (sopa) de iogurte grego sem açúcar
2 cols. (sopa) de vinagre de vinho tinto
1 col. (sopa) de azeite extravirgem
sal marinho e pimenta-do--reino moída na hora

1. Preaqueça o forno a 180°C. Espalhe os floretes de brócolis em uma assadeira e regue com o azeite. Asse por 20 minutos.

2. Coloque o triguilho em uma tigela grande, tempere e despeje 150 ml de água fervente. Cubra a tigela com filme de PVC e deixe descansar por 10 minutos. Retire o filme, solte o triguilho com um garfo e acrescente a cereja, o pistache, as raspas de limão--siciliano e os brócolis assados.

3. Misture todos os ingredientes do molho com um pouco de água quente. Despeje sobre a salada e mexa com cuidado, até misturar bem. Sirva imediatamente em tigelas decoradas com cerejas.

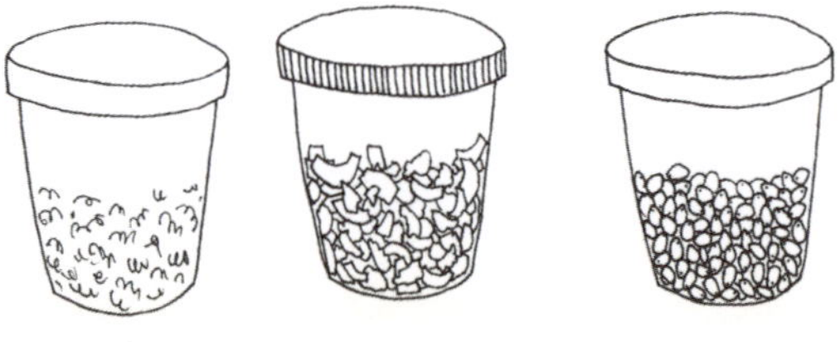

COUVE-DE-BRUXELAS COM PARMESÃO

Prato típico do Natal britânico, a couve-de-bruxelas cozida e servida com manteiga é agradável, mas não suscita muito entusiasmo. Essa receita sugere um preparo mais interessante e combina minicouve-de-bruxelas com cebolas adocicadas, finalizadas com parmesão ralado na hora.

Rende 4 porções como acompanhamento

3 cols. (sopa) de azeite
20 cebolas-pérola [ou cebola para conservas] pequenas, escaldadas e descascadas
1 col. (sopa) de açúcar mascavo
40 g de manteiga sem sal
200 ml de caldo de carne
350 g de minicouve-de-bruxelas [ou a comum]
2 cols. (sopa) de parmesão ralado na hora
sal e pimenta-do-reino moída na hora

1. Aqueça o azeite em uma frigideira que acomode as cebolas em uma única camada. Acrescente as cebolas e refogue em fogo alto até dourarem por inteiro. Junte o açúcar mascavo e metade da manteiga e deixe caramelizar – cerca de 8-10 minutos. Adicione o caldo de carne e cozinhe até evaporar.

2. Enquanto isso, cozinhe a minicouve-de-bruxelas em água fervente e sal até ficar macia, mas ainda *al dente*. Escorra bem.

3. Em outra panela, aqueça a manteiga restante até espumar, adicione a minicouve-de-bruxelas e refogue por 5 minutos, até dourar. Acrescente a cebola, misture, tempere com sal e pimenta e transfira para um prato de servir. Polvilhe com parmesão e misture bem.

A couve-de-bruxelas é uma hortaliça especial, inspira amor ou aversão. Aqui vão algumas maneiras ótimas de servi-la:
• Com castanha-portuguesa assada e aipo;
• Batida em purê, com um toque de noz-moscada e manteiga;
• Com creme de leite, temperada com um pouco de curry em pó.

TIRAS DE COUVE--DE-BRUXELAS * SEM GLÚTEN

Junte couve-de-bruxelas cortada em fatias bem finas com bastante azeite extravirgem e suco de limão-siciliano bem ácido com um queijo de ovelha curado de sabor marcante – e mesmo aqueles mais resistentes a essa pequena crucífera vão se render ao seu sabor. Prepare essa receita quando for época do vegetal e comprove. O frescor do limão se perde logo após o preparo, então sirva sem demora.

Rende 4-6 porções

450 g de couve-de-bruxelas
5 cols. (sopa) de azeite extravirgem
½ col. (chá) de sal marinho fino
3½ cols. (sopa) de suco de limão-siciliano espremido na hora
½ col. (chá) de pimenta-do-reino em grãos quebrados
115 g de pecorino com grãos de pimenta-do-reino [ou outro queijo de ovelha com especiarias] ralado bem fino

1. Enxágue as couves-de-bruxelas e seque-as com papel-toalha. Descarte as folhas externas com manchas marrons ou amareladas e corte as couves ao meio, na vertical. Fatie-as bem fino na horizontal, transferindo as fatias para uma tigela grande e rasa. Descarte os talos.

2. Regue a couve-de-bruxelas fatiada com o azeite, polvilhe-a com o sal e misture bem. Junte o suco de limão-siciliano, a pimenta-do-reino e mexa mais uma vez. Finalize com o pecorino e sirva imediatamente.

Em boas queijarias é possível encontrar pecorino com grãos de pimenta-do-reino; ele pode ser chamado de rústico ou pepato. Se não encontrar, você pode adicionar ao prato mais pimenta-do-reino em grãos quebrados.

ÍNDICE

A

B

C

E

F

G

H

K

L

M

P

R

S

T

V

AGRADECIMENTOS

Os editores gostariam de agradecer aos seguintes autores a gentil permissão de reproduzir suas receitas:

Eric Skokan © pp. 12 e 84 de *Farm Fork Food*

Rachel DeThample © pp. 15-6 de *Less Meat More Veg*

Paul Gayler © pp. 19 e 27 de *Pure Vegetarian*; pp. 23, 47, 83 e 91 de *Passion for Veg*

Jimmy Garcia © p. 20 de *Social Eats*

Margaret Rayman © pp. 24, 44 e 49 de *Healthy Eating to Reduce the Risk of Dementia*

Mindy Fox © pp. 28, 34-5, 54 e 93 de *Perfectly Tossed Salad*

Annie Rigg © p. 30 de *Summer Berries & Autumn Fruit*

Darina Allen © pp. 33 e 67 de *30 Years at Ballymaloe*; p. 77 de *Forgotten Skills of Cooking*

Annie Bell © pp. 38 e 62 de *Low Carb Revolution*

Liz Earle © pp. 41, 43 e 71 de *Juice*

Clodagh McKenna © pp. 50-2 de *Clodagh's Irish Kitchen*

Georgina Fuggle © pp. 58, 74 e 88 de *Pratos Vegetarianos de Dar Água na Boca*

Dan Green © pp. 61 e 80 de *The Paleo Diet*

John Gregory-Smith © p. 68 de *Turkish Delights*

Maria Elia © p. 79 de *The Modern Vegetarian*

Título original: *The Goodness of Greens*

Publicado originalmente na Grã-Bretanha em 2016 pela Kyle Books, um selo da Kyle Cathie Ltd, 192-198 Vauxhall Bridge Road, SW1V 1DX, Londres, Inglaterra.

Coordenação do projeto: Publifolha
Editora-assistente: Isadora Attab
Coordenadora de produção gráfica: Mariana Metidieri

Produção editorial: A2
Coordenação: Sandra R. F. Espilotro
Tradução: Laura Schichvarger
Consultoria culinária: Luana Budel
Preparação de texto: Maria A. Medeiros
Revisão: Carla Fortino, Carmen T. S. Costa

Edição original: Kyle Books
Editora de projeto: Claire Rogers
Designer: Helen Bratby
Ilustração: Jenni Desmond
Produção: Nic Jones e Gemma John
Design da capa: Helen Bratby
Foto da capa: Clare Winfield
Fotos da contracapa: (de cima para baixo) © Tara Fisher; © Clare Winfield; © Tori Hancock; © Dan Jones.

Dados Internacionais de Catalogação na Publicação (CIP)
(Câmara Brasileira do Livro, SP, Brasil)

Os benefícios das hortaliças : 40 receitas incríveis para reforçar a alimentação / editado por Claire Rogers ; [tradução Laura Schichvarger]. -- São Paulo : Publifolha, 2017. -- (Os Benefícios)

Título original: The goodness of greens
ISBN: 978-85-68684-85-6

1. Culinária (Alimentos naturais) 2. Culinária (Receitas) 3. Culinária (Verduras) I. Rogers, Claire. II. Série.

17-02154 CDD-641.6565

Índices para catálogo sistemático:
1. Verduras : Receitas : Culinária 641.6565

Este livro segue as regras do Acordo Ortográfico da Língua Portuguesa (1990), em vigor desde 1º de janeiro de 2009.

Impresso na China.

PUBLIFOLHA
Divisão de Publicações do Grupo Folha
Al. Barão de Limeira, 401, 6º andar
CEP 01202-900, São Paulo, SP
www.publifolha.com.br

NOTA DO EDITOR

Apesar de todos os cuidados tomados na elaboração das receitas deste livro, os editores não se responsabilizam por erros ou omissões decorrentes da preparação dos pratos.

Pessoas com restrições alimentares, grávidas e lactantes devem consultar um médico especialista sobre os ingredientes de cada receita antes de prepará-la.

As fotos deste livro podem conter acompanhamentos ou ingredientes meramente ilustrativos.

Em todas as receitas deste livro, foram usados ovos orgânicos.

Observações, exceto se orientado de outra forma:
Use sempre ingredientes frescos.
O forno deve ser preaquecido na temperatura indicada na receita.

Equivalência de medidas:
- 1 colher (chá) = 5 ml
- 1 colher (sopa) = 15 ml
- 1 xícara (chá) = 250 ml

Nas listas de ingredientes, as indicações entre colchetes correspondem à consultoria culinária específica para a edição brasileira.

Abreviaturas: col. (colher) / cols. (colheres)